OLYMPUS GUARDIAN 62

신화, 여인을 꿈꾸다

글 박정희 그림 김옥

주니어 RHK

차례

1 어머니 여신   3

세상 모든 것의 시작, **가이아**

농업과 대지의 어머니, **데메테르**

2 용기 있는 여성   13

아테나를 도운, **나우시카**

아르테미스를 섬기는, **이피게네이아**

3 아름다운 사랑의 주인공   27

영원한 사랑을 이룬 여인, **알키오네**

마음의 문을 연 정원의 님프, **포모나**

어머니 여신

신화에 등장하는 여신의 모습 가운데 가장 위대한 것은 어머니일 겁니다.
어머니는 생명을 태어나게 하며 아끼고 보살피고 자라게 하기 때문입니다.
아무것도 없던 세상에 처음으로
생명을 만들어 내기 시작한 만물의 어머니 가이아와
땅에 식물이 자라게 하고, 그 식물이 다른 생명을 이어 가게 하는
대지의 여신 데메테르는 어머니의 뿌리랍니다.

 # 세상 모든 것의 시작, **가이아**

**카오스 속에서 어느 날, 스스로 생명을 얻어 가이아가 태어났어요.
가이아는 곧 하늘에게 생명을 주어 우라노스를 탄생시켰어요.**

세상이 생겨나기 전, 모양도 색깔도 질서도 규칙도 없던 때가 있었어요. 이렇게 마구 뒤섞여 알 수 없는 상태를 혼돈, 즉 카오스라고 했지요. 카오스 속에서 어느 날, 스스로 생명을 얻어 가이아가 태어났어요. 가이아는 곧 하늘에게 생명을 주어 우라노스를 탄생시켰어요. 가이아는 우라노스와 함께 열두 티탄 신들을 낳았고, 팔이 백 개나 달린 거인 헤카톤케이레스와 이마에 눈이 하나씩 박혀 있는 거인 키클롭스도 낳았어요.

우라노스는 자식들을 몹시 싫어해서 몽땅 가이아의 몸속 깊은 동굴 속으로 밀어 넣어 가두어 버렸어요. 가이아는 자신의 몸속에서 아우성치는 자식들 때문에 무척 고통스러웠어요.
"크로노스, 제발 네 아버지의 횡포에서 네 형제들을 구해 주렴."
가이아가 자식인 티탄 신들 중에서 막내인 크로노스에게 부탁했어요.

모든 생명의 어머니인 가이아의 모습을
사람의 모습으로 표현했어요.
〈지구 어머니〉 에드워드 번존스

아이를 안고 있는 가이아에게서
따뜻한 어머니의 모습이 떠올라요.
〈지구 어머니의 화신〉 작가 미상

크로노스는 우라노스가 땅으로 내려오자, 어둠이 세상을 감쌀 때까지 숨어 있었어요. 드디어 깜깜해지자 크로노스는 숨어 있던 곳에서 뛰쳐나와 우라노스를 공격했어요. 갑작스레 공격을 받은 우라노스는 쓰러지고 말았지요. 그때 우라노스가 흘린 피가 땅으로 떨어지며 복수의 여신인 에리니에스 세 자매와 거인들, 세 명의 님프가 태어났어요. 그리고 우라노스의 살점이 바다에 떨어져 생긴 거품 속에서 아름다움의 여신 아프로디테가 태어났답니다.

크로노스는 가이아의 또 다른 자식인 티탄 신, 레아와 결혼했어요. 크로노스와 레아에게서 자식들이 태어났는데, 바로 올림포스 신들이었지요. 그리고 그 신들에 의해 인간과 모든 동물, 식물이 만들어졌어요. 이렇게 세상 모든 살아 있는 것들이 최초의 생명인 가이아로부터 시작되었답니다. 가이아는 지구 또는 땅을 나타내는 말로 쓰이기도 해요.

 # 농업과 대지의 어머니, 데메테르

**데메테르는 땅이고 페르세포네는 거기서 자라는 곡식으로 생각할 수 있어요.
땅은 자신의 자식과 같은 곡식을 몸 바쳐 사랑하지요.**

올림포스 열두 신 가운데 가장 친절하고 예의 바르며, 인간에게 가장 큰 도움을 준 여신은 누구일까요? 바로 데메테르예요. 데메테르는 나무와 풀, 꽃과 같은 온갖 식물이 땅에서 자라나도록 했으며 인간에게 농사짓는 법을 가르쳐 주었어요. 인간에게 곡식을 주고 식량인 빵을 만들 수 있게 도와준 신도 데메테르였지요.

이렇게 인간들과 가까웠던 데메테르 여신은 올림포스보다 땅에 머무는 시간이 더 많았답니다. 데메테르에게는 페르세포네라는 예쁜 딸이 하나 있었어요. 모든 어머니가 그러하듯이 데메테르 또한 하나밖에 없는 딸에 대한 사랑이 무척 지극했어요. 항상 밝고 명랑하며 아름다운 페르세포네를 보면 누구나 저절로 행복해졌고, 페르세포네를 사랑하지 않을 수 없었지요.

해마다 새로운 곡식과 열매를 맺게 하는 데메테르는 인간의 생명과 풍요로움을 책임지고 있었지요.
〈데메테르〉 요한 밥티스트 슈트라우브

페르세포네를 그리워하며
슬퍼하는 데메테르의 모습이에요.
〈슬픔에 잠긴 데메테르〉 이블린 드모르간

하지만 불행하게도 이렇게 아름다운 소녀를 지하 세계의 왕, 하데스가 열렬하게 사랑하게 되었어요. 어느 날, 하데스는 페르세포네를 데리고 쏜살같이 땅속으로 들어가 버렸지요. 데메테르는 페르세포네가 보이지 않자 딸을 찾아서 온 세상 구석구석을 헤매었어요. 어느 곳에서도 딸의 흔적을 찾지 못한 데메테르는 눈물을 흘리는 것 말고는 아무 일도 할 수 없었어요. 그러자 세상의 모든 식물이 죽어 버렸지요. 결국 제우스가 나서서 하데스를 설득하여 페르세포네를 찾을 수 있었어요. 하지만 페르세포네가 지하 세계의 음식을 먹는 바람에 일 년 중 절반은 지하 세계에서 살아야만 했답니다.

데메테르는 땅이고 페르세포네는 거기서 자라는 곡식으로 생각할 수 있어요. 땅은 자신의 자식과 같은 곡식을 몸 바쳐 사랑하지요. 페르세포네는 씨앗이라는 뜻도 가지고 있답니다. 페르세포네가 땅 위에서 데메테르의 사랑을 받는 동안은 씨앗에서 싹이 트고 자라나 열매를 맺어요. 하지만 페르세포네가 땅속으로 들어가면 추운 겨울이 되어, 세상에는 아무것도 자라지 않는답니다. 땅의 여신 데메테르에게 사랑받을 날을 기다리며 땅속에서 잠자는 씨앗처럼 말이에요.

 퀴즈 퀴즈!

1. 세상이 시작되기 전 아무런 색깔도 모양도 질서도 없이 뒤섞여 있던 상태를 무엇이라고 하나요?

2. 가이아가 낳은 팔이 백 개나 달린 거인을 무엇이라고 부르나요?

3. 가이아가 낳은 외눈박이 거인의 이름은 무엇인가요?

4. 어머니의 부탁으로 아버지인 우라노스를 물리친 티탄 신은 누구인가요?

5. 우라노스의 살점이 바다에 떨어지면서 생긴 거품에서 태어난 여신은 누구인가요?

6. 데메테르의 딸을 납치한 지하 세계의 신은 누구인가요?

7. 일 년 가운데 식물이 자라지 않는 추운 겨울이 생긴 까닭은 무엇인가요?

정답 1 카오스 2 헤카톤케이레스 3 키클롭스 4 크로노스 5 아프로디테 6 하데스 7 페르세포네가 지하 세계에 머무르는 동안에는 데메테르가 땅을 돌보지 않기 때문이에요.

용기 있는 여성

'지혜와 전쟁의 여신' 아테나와 '달과 사냥의 여신' 아르테미스.
이 두 여신이 인간을 돕는 데 협력한 용기 있는 여인들이 있었습니다.
트로이 전쟁이 끝난 뒤, 집으로 돌아가는 오디세우스에게 도움을 준 나우시카와
아르테미스 신전의 여사제로 꼬리에 꼬리를 물고 이어지는
가족의 비극을 끝낸 이피게네이아입니다.

아테나를 도운, 나우시카

**아테나 여신은 그녀의 뛰어난 용기와 따뜻한 마음씨를
알고 있었기에 자신의 협력자로 뽑았던 것이지요.**

파이아케스 왕국의 공주, 나우시카는 어찌나 아름다운지 사람들이 올림포스 여신으로 여길 정도였어요. 아테나 여신은 트로이 전쟁이 끝난 뒤에도 여전히 방황하고 있는 오디세우스가 고향으로 돌아갈 수 있도록 나우시카를 통해 도움을 주려는 계획을 세웠어요. 어느 날, 나우시카의 꿈속에 아테나 여신이 나타났어요. 아테나는 나우시카에게 다음 날 일찍 식구들의 옷을 깨끗이 빨아 놓으라고 명령했어요.

꿈에서 깨어난 나우시카는 서둘러 빨래를 하러 갔지요. 아테나 여신의 계획대로 말이에요. 그곳에는 폭풍우에 배가 부서져, 바다를 떠돌다 뭍으로 떠밀려 온 오디세우스가 있었어요. 오디세우스는 바닷가에 쓰러져 있었지요. 그 사실을 까맣게 모르는 나우시카는 빨래를 마친 뒤 시녀들과 공놀이를 했어요. 그런데 나우시카가 던진 공이 아주 멀리 날아가 오디세우스가 있는 바닷가 근처에 떨어졌어요. 물론 아테나가 몰래 공을 던졌기 때문이었어요.

공을 던지는 나우시카 뒤로 아테나 여신이 보여요.
아테나는 나우시카의 공을 오디세우스가 쓰러져 있는
바닷가 쪽으로 날려 보냈어요.

〈나우시카와 시녀들〉 존 플랙스먼

공을 찾으러 바닷가로 온 나우시카와 하녀들은 오디세우스를 발견했어요. 마침 오디세우스가 어렴풋이 정신을 차려 몸을 일으켰지요. 옷이 다 찢겨 나가 벌거벗은 몸에, 소금이 덕지덕지 말라붙은 머리카락이며 온갖 때가 묻은 오디세우스의 모습은 험상궂기 그지없어 보였어요. 함께 공놀이를 하던 하녀들과 나우시카의 친구들은 모두 비명을 지르며 도망가기 바빴어요. 하지만 나우시카는 두려움 없이 침착하게 오디세우스를 살펴보았어요. 꿈속에 나타났던 아테나 여신이 떠올랐기 때문이에요.

"이 사내를 만나게 하려고 아테나 여신이 내 꿈속에 나타난 거였어. 얘들아, 가서 깨끗이 빨아 놓은 옷을 가져오렴."

나우시카는 오디세우스에게 옷을 갈아입게 한 뒤 왕궁으로 가는 길을 안내했어요. 그러고는 가는 길에 자신을 소개했지요. 오디세우스도 그간의 모험과 여정을 이야기해 주었어요.

나우시카는 점점 오디세우스가 특별한 사내라는 것을 알게 되었어요. 그도 그럴 것이 십 년이나 되는 트로이 전쟁을 승리로 이끈 주인공이 바로 오디세우스였으니까요. 나우시카는 아테나가 특별히 자신의 꿈에 나타난 만큼 여신의 보호를 받는 이 사내를 잘 보살펴 주어야겠다고 생각했어요.

**나우시카와 오디세우스가 마주친 모습이에요.
놀라 소리 지르는 다른 사람들에 비해
나우시카는 매우 의연해 보여요.**
〈오디세우스와 나우시카〉 피터르 라스트만

나우시카의 안내로 왕과 여왕 앞에 선 오디세우스는 간절하게 말했어요.

"저는 이타케의 왕, 오디세우스입니다. 트로이 전쟁에 참가했다가 고향으로 돌아가는 길에 폭풍우를 만났습니다. 아끼던 부하를 잃고 바다를 떠돌다 이곳까지 오게 되었지요. 제가 고향으로 돌아갈 수 있도록 도움을 주십시오."

왕과 여왕은 오디세우스를 귀한 손님으로 대해 주었어요. 그렇게 왕궁에서 편히 지내던 오디세우스는 서서히 고향으로 돌아갈 준비를 했지요. 한편 늠름한 오디세우스가 마음에 쏙 든 왕은 오디세우스를 불렀어요.

"우리 나우시카와 결혼하여 파이아케스 왕국에서 영원히 사는 것은 어떻겠소?"

오디세우스는 왕의 제안을 정중하게 거절했어요. 왜냐하면 그에게는 고향에서 기다리는 아내와 아들이 있었거든요.

왕과 왕비, 나우시카 공주는 아쉬운 마음으로 떠나는 오디세우스를 배웅했어요. 오디세우스가 무사히 고향으로 돌아갈 수 있었던 것은 그가 죽기 직전에 돌보아 준 나우시카 공주 덕분이에요. 아테나 여신이 그녀의 뛰어난 용기와 따뜻한 마음씨를 알고 있었기에 자신의 협력자로 뽑았던 것이지요.

앳되고 순수해 보이는 나우시카 공주의 모습이에요.
〈나우시카〉 프레더릭 레이턴

 아르테미스를 섬기는, **이피게네이아**

**아르테미스 신전으로 끌려온 오레스테스는 이피게네이아를 만나게 되었어요.
하지만 신전의 여사제가 바로 자신의 누나라는 것은 꿈에도 생각하지 못했지요.**

미케네의 왕 아가멤논은 어느 해, 아르테미스 여신에게 그해 일 년 동안 태어난 생명 중에서 가장 아름다운 것을 바치겠노라고 약속했어요. 그런데 그해에 가장 아름다운 모습으로 태어난 생명은 다름 아닌 자신의 첫딸, 이피게네이아였지요. 그러니 아가멤논은 아르테미스 여신에게 한 약속을 지킬 수가 없었어요. 하지만 신은 인간이 약속을 어기는 것을 그냥 넘기지 않았어요.

세월이 흐른 뒤, 아가멤논이 트로이 전쟁에 참가하기 위해 배를 출발시키려고 할 때였어요. 아르테미스 여신은 자신과의 약속을 지키지 않은 아가멤논을 괘씸하게 여겨서 심한 풍랑을 일으켜 배가 출발하지 못하게 했어요. 아르테미스 여신의 분노 때문이라는 예언자의 말을 들은 아가멤논은 자신의 딸 이피게네이아를 제물로 내놓을 수밖에 없었지요. 하지만 나약한 인간과 동물의 수호자였던 아르테미스 여신은 가엾은 소녀가 희생되는 것을 원하지 않았어요. 사람들이 모두 고개 숙여 절을 하는 사이에 이피게네이아를 안고 사라졌지요. 아르테미스 여신은 이피게네이아를 타우리스로 데리고 와서 자신의 사원에서 여사제로 일하게 했답니다.

제물로 바쳐진 이피게네이아가 막 희생 당하려는 순간이에요.
〈이피게네이아의 희생〉 조반니 바티스타 티에폴로

복수와 후회의 여신들이 오레스테스를 괴롭히고 있어요.
〈오레스테스의 회한〉 윌리앙 아돌프 부그로

그 사이 이피게네이아의 고향에서는 비극이 꼬리를 물고 일어났어요. 그녀의 어머니 클리타임네스트라가 트로이 전쟁에서 돌아온 남편 아가멤논을 죽였어요. 딸 이피게네이아를 신에게 바쳐서 죽게 만들었다고 믿었기 때문이지요. 그러자 이번에는 아들 오레스테스가 아버지 아가멤논의 원수를 갚는다며, 자신의 어머니 클리타임네스트라와 그녀의 새 남편 아이기스토스를 죽이고 말았지요.

아폴론 신은 이 집안에 비극이 더 이상 되풀이되는 것을 원하지 않았어요. 하지만 복수의 여신들이 끝없이 오레스테스를 괴롭혔어요. 도저히 견딜 수 없었던 오레스테스는 아폴론 신전에 가서 도움을 청했답니다.

"타우리스에 있는 아르테미스의 조각상을 가져오너라. 그러면 죄를 면하고 편안하게 살 수 있을 것이다."

아폴론 신전에서 받은 *신탁에 따라 오레스테스는 사촌 필라데스와 함께 타우리스로 떠났어요. 하지만 타우리스에 몰래 숨어들었던 두 사람은 타우리스 사람들에게 붙잡혀 아르테미스 여신에게 제물로 바쳐지게 되었지요.

*신탁 : 신이 사람을 통해 신의 뜻을 나타내거나 인간의 물음에 대답하는 일.

오레스테스와 이피게네이아가
서로를 알아보지 못한 채 맞닥뜨리고 있어요.
〈제물이 되어 이피게네이아 앞에 끌려온 필라데스와 오레스테스〉
벤저민 웨스트

아르테미스 신전으로 끌려온 오레스테스는 이피게네이아를 만나게 되었어요. 하지만 신전의 여사제가 바로 자신의 누나라는 것은 꿈에도 생각하지 못했지요. 다만 그리스 어를 하는 여사제에게 이런저런 이야기를 들려주었어요. 아주 어렸을 때 동생과 헤어진 이피게네이아도 앞에 있는 청년이 자신의 동생이라는 것은 상상도 못한 채 입을 열었어요.

"네가 만약 나를 위해서 편지를 전해 준다면 목숨만은 살려 주마. 편지 내용은 아가멤논의 딸, 이피게네이아가 죽지 않고 타우리스에서 아르테미스 여신을 섬기며 사제로 살고 있다는 것이다. 이것을 내 동생 오레스테스에게 전해 다오."

이피게네이아가 말을 마치자마자 오레스테스는 벌떡 일어나 누나를 불렀어요. 마침내 서로의 사연을 알게 된 두 사람은 눈물을 흘리며 부둥켜안았답니다. 이들은 서로 힘을 합쳐 타우리스를 떠나 아르테미스 여신상을 안전하게 그리스로 가져갔어요. 가족 사이의 비극이 서려 있는 그곳에 새로운 신전을 짓고 이피게네이아는 아르테미스 여신을 모시는 사제로 평생 동안 살았답니다.

 퀴즈 퀴즈!

1 나우시카의 꿈속에 나타나 빨래를 하라고 한 이는 누구였나요?

2 나우시카가 공놀이를 하다가 만난 사람은 누구였나요?

3 이피게네이아의 아버지, 아가멤논은 왜 이피게네이아를 제물로 바쳤나요?

4 아르테미스 여신은 이피게네이아를 어디로 보냈나요?

5 오레스테스는 왜 타우리스로 떠나게 되었나요?

6 그리스로 돌아온 이피게네이아는 무슨 일을 하고 살았나요?

정답 **1** 아테나 여신 **2** 오디세우스
3 이전에 그해에 태어난 가장 아름다운 생명을 아르테미스 여신에게 바치기로 한 약속을 지키지 않았기 때문에 아르테미스 여신이 트로이 전쟁을 하려고 떠나는 배들을 방해했기 때문이에요.
4 타우리스에 있는 아르테미스 신전
5 타우리스에 있는 아르테미스 여신상을 그리스로 가져오라는 신탁을 들었기 때문이에요.
6 평생을 아르테미스 여신을 섬기는 사제로 일하며 살았어요.

아름다운 사랑의 주인공

그리스 로마 신화에는 사랑 이야기가 가득합니다.
사랑으로 생명이 탄생하고, 사랑 때문에 신들 사이에서 또는 인간들 사이에서
갈등과 고통이 생겨나고 비극이 일어나기도 했습니다.
대부분 이루어지지 않는 사랑 때문에 누군가 고통을 받는 이야기지요.
누구나 아름다운 사랑을 꿈꾸지만 서로의 마음이 잘 맞아서
행복하게 맺어지는 사랑이 그리 흔하지는 않았나 봅니다.
하지만 알키오네와 포모나처럼 아름다운 사랑을 이룬 주인공들도 있답니다.

영원한 사랑을 이룬 여인, 알키오네

**케익스는 불안해하는 알키오네를 안심시키고 길을 떠났어요.
알키오네는 눈물을 흘리며 이별을 했지요.**

알키오네는 바람을 동굴에 가두었다가 자신이 원하거나 신들이 요구할 때 풀어 주는 바람의 신 아이올로스의 딸이었어요. 알키오네는 샛별의 아들이자 트라키아의 왕인 케익스와 사랑에 빠져 결혼을 했지요. 서로를 얼마나 사랑했는지 결코 떨어지려 하지 않았답니다.

어느 날, 왕국에 괴상한 일이 생겼어요. 딸이 죽어서 슬퍼하던 케익스의 동생이 매로 변해 버렸던 거예요. 게다가 왕국에 자꾸 나쁜 일들이 생겨났어요. 케익스는 결심을 했지요.
"알키오네, 클라로스에 가서 아폴론 신의 신탁을 들어야만 하겠소. 신들이 만약 날 버린 거라면 신들을 달랠 길을 찾아야 하지 않겠소?"
"저와 함께 가요. 제 아버지가 바람의 신이라지만 한번 풀어 준 바람은 아버지도 어쩌지 못해요. 폭풍을 맞더라도 서로 어깨를 나란히 하고 우리 함께 맞아요."

동굴 근처에 있는 알키오네의 모습이에요.
〈알키오네〉 허버트 제임스 드레이퍼

"걱정하지 마시오. 내 아버지 샛별을 걸고 맹세하건대, 달이 하늘의 궤도를 두 번 지나기 전에 무슨 일이 있어도 돌아오겠소."
케익스는 불안해하는 알키오네를 안심시키고 길을 떠났어요. 알키오네는 눈물을 흘리며 이별을 했지요.

무지개 여신 이리스가 잠에 빠진 힙노스를 찾아왔어요. 침대에 누워 있는 이를 모르페우스라고 하기도 해요.
〈모르페우스와 이리스〉 피에르 나르시스 게랭

알키오네를 남겨 두고 떠난 케익스는 바다에서 거센 풍랑을 만나고 말았어요. 한 번이 아니라 아홉 번이나 거센 파도와 폭풍을 맞았지요. 휘청거리던 배는 그만 부서져 버렸고, 케익스는 아내의 이름을 외치다가 물에 빠져 죽고 말았답니다.

사랑하는 남편이 죽은 것도 모른 채 알키오네는 남편이 돌아오면 선물할 옷을 짓고 있었어요. 그러면서 헤라 여신에게 간절히 기도를 드렸답니다.

"남편이 무사히 집으로 돌아올 수 있도록 도와주시고, 다른 여자를 사랑하지 않고 영원히 저만 사랑하게 해 주세요."

하지만 케익스가 죽었으니 알키오네의 간절한 기도는 이루어질 수 없었어요. 이를 가엾게 여긴 헤라는 무지개의 여신 이리스를 불러 말했어요.

"이리스, 잠을 다스리는 힙노스를 찾아가거라. 그에게 죽은 케익스의 모습으로 알키오네의 꿈에 나타나서 케익스가 죽었음을 알리라고 하라."

이리스는 키메리아 산 밑 깊숙한 동굴에 사는 게으른 힙노스에게 찾아가 헤라 여신의 말을 전했어요.

잠의 신 힙노스는 천 명의 아들 가운데 원하기만 하면 어떤 모습으로든 변신할 수 있는 '꿈의 신' 모르페우스를 불러서 일을 시키고는 다시 잠에 빠져들었어요. 모르페우스는 알키오네의 꿈속으로 찾아갔어요.

"가엾은 알키오네, 나는 당신 남편의 혼령이라오. 나는 이미 죽었으니 이제 내가 살아 돌아오리라는 희망을 버리시오."

울며불며 잠에서 깨어난 알키오네는 남편과 이별했던 바닷가로 달려 나갔어요. 알키오네는 그곳에서 파도에 떠밀려 온 남편의 시체를 발견했어요.

"아, 나는 당신이 없는 세상에서 살 수 없어요."

알키오네는 바다로 뛰어들었어요. 그러나 알키오네는 물속으로 빠지지 않았어요. 몸에 돋아난 날개로 수면을 스치며 날고 있었으니까요. 새가 된 알키오네는 케익스에게 다가가 입맞춤을 했어요. 그러자 케익스 또한 새가 되어 하늘로 날아올랐어요. 열렬하게 사랑하는 두 사람을 불쌍히 여긴 신들이 그들을 물총새로 다시 태어나게 한 거예요.

둘의 사랑은 이렇게 지속되었고 함께 새끼를 키우며 행복하게 살았답니다. 이들에게는 해마다 겨울에 일주일 동안 포근한 날씨가 선물로 주어졌고, 그동안 알키오네는 바다 위에 떠다니는 둥지에서 편안하게 알을 품을 수 있었어요. 이렇게 바다가 잔잔한 시기를 '알키오네의 날들'이라고 부른답니다.

서로 지극히 사랑하는 알키오네와 케익스가 변했다는 물총새의 모습이에요.

마음의 문을 연 정원의 님프, 포모나

**포모나는 누구보다도 식물을 가꾸는 능력이 뛰어나
그녀의 손만 닿으면 꽃이 피어나고 열매가 주렁주렁 열렸지요.**

세상에서 가장 아름다운 정원에 포모나라는 님프가 살고 있었어요. 포모나는 누구보다도 식물을 가꾸는 능력이 뛰어나 그녀의 손만 닿으면 꽃이 피어나고 열매가 주렁주렁 열렸지요. 포모나라는 이름 또한 과일 중의 과일인 '사과'라는 뜻이에요. 포모나는 숲이나 강은 돌보지 않고 다른 신이나 인간에게도 전혀 관심을 두지 않았으며, 오로지 꽃과 과일만을 보살폈어요. 언제나 손에 나뭇가지를 다듬는 가위와 칼을 들고 다니며, 온종일 일을 했어요.

그런 포모나가 남자에게 관심이 있을 리 없었지요. 하지만 수많은 신과 남자들은 포모나의 사랑을 얻고 싶어 했어요. 포모나는 발그레한 얼굴로 열심히 일을 하다가 잘 익은 사과라도 따면 얼굴 가득 해맑은 미소를 지었어요. 그 순수한 모습에 반한 이가 한둘이 아니었어요. 그래서 많은 이가 포모나의 정원 밖에서 사랑의 노래를 부르며 고백을 해 대곤 했어요. 하지만 포모나는 끄떡도 하지 않았답니다.

정원에 서 있는 포모나의 모습이에요.
〈포모나〉 빌헬름 트뤼브너

사랑을 고백하는 많은 이들 중에서 가장 심한 열병을 앓은 이는 베르툼누스라는 신이었어요. 누가 뭐래도 절대로 포모나를 포기하지 않겠다고 결심한 베르툼누스에게는 좋은 무기가 하나 있었답니다. 바로 자신이 원하는 모습으로 변신할 수 있는 능력이었지요. 베르툼누스는 농부로 변신하여 무거운 곡식 자루를 날라 주기도 했어요. 어떤 날에는 목동의 모습으로, 다른 날에는 울타리를 다듬는 일꾼의 모습으로, 또 낚시꾼의 모습으로 변신하며 자연스럽게 포모나의 주위에 나타나 그녀의 아름다운 모습을 훔쳐보곤 했어요.

어느 날 오후, 베르툼누스는 허름한 옷을 입은 노파로 변신했어요.
"어휴, 복숭아가 정말 먹음직스럽게 자랐군요. 아가씨 솜씨가 참 대단하네요……."
베르툼누스는 칭찬을 하며 이야기를 시작했어요.
"저, 느릅나무를 타고 올라간 포도나무를 보아요. 느릅나무가 없었다면 저 포도나무가 저렇게 탐스러운 열매를 맺을 수 있었겠어요? 이 늙은이 말을 잘 듣고 생각해 보오. 당신이 결혼을 한다면 저 포도나무처럼 삶이 더 풍요롭고 행복해질 거요. 당신을 가장 열렬히 사랑하는 이는 베르툼누스라는 젊은 신이라오. 저 느릅나무처럼 듬직하고 믿음직스럽지."

**노파로 변신한 베르툼누스가 포모나에게 다가와
이런저런 이야기를 늘어놓고 있어요.**
〈베르툼누스와 포모나〉 파울루스 모렐스

평화로운 정원에서 과일을 수확하고 있어요.
베르툼누스도 이 일을 도왔겠지요?

〈수확한 과일을 받는 포모나〉 코르넬리스 반 하를렘

베르툼누스는 계속하여 노파의 입을 빌려 포모나에게 자신이 얼마나 그녀를 사랑하는지를 읊어 댔어요.

"베르툼누스는 잘생겼고 누구보다도 당신과 잘 맞을 거예요. 그는 당신이 원하는 어떤 모습으로도 변할 수 있거든요. 그는 당신의 과수원에서 사과를 가장 잘 돌보는 사람이 될 수 있답니다."

베르툼누스가 아무리 열을 내어 말해도 포모나는 끄떡도 하지 않을 기세였어요.

"당신은 마치 사랑하는 이의 마음을 끝까지 받아 주지 않아서 돌이 되어 버린 아낙사레테처럼 딱딱한 돌 심장을 가지셨군요."

여전히 꿈쩍하지 않을 기세로 일만 하고 있는 포모나의 모습에 실망한 베르툼누스는 이렇게 말하고는 자신의 본모습으로 돌아오고 말았어요. 하지만 포모나의 심장은 돌 심장이 아니었어요. 포모나는 드레스와 스카프를 벗어 던지고 늠름한 젊은 신으로 돌아온 베르툼누스가 마음에 쏙 들었거든요. 포모나는 기쁨에 겨워 베르툼누스를 꼭 껴안았답니다.

 **퀴즈 퀴즈!**

1 알키오네는 누구의 딸이었나요?

2 알키오네의 꿈속에 찾아온 신은 누구인가요?

3 신들은 알키오네와 케익스를 무엇으로 변하게 해 주었나요?

4 포모나가 가장 즐거워하는 일은 무엇이었나요?

5 베르툼누스는 노파로 변신하여 포모나에게 무엇을 이야기했나요?

정답 1 바람의 신, 아이올로스 2 모르페우스
3 물총새 4 식물을 가꾸는 일이었어요.
5 자신이 얼마나 포모나를 사랑하는지 이야기했어요.

그리스 로마 신화 올림포스 가디언 62
신화, 여인을 꿈꾸다

글 박정희 그림 김옥

펴낸이 양원석
펴낸곳 (주)알에이치코리아
등록 2004년 1월 15일 제2-3726호
주소 서울특별시 금천구 가산디지털2로 53, 20층 (한라시그마밸리)
문의전화 02)6443-8800

ISBN 978-89-255-4361-1(74800)
ISBN 978-89-255-4354-3(세트)

값 **12,800원**

명화 구입처 유로크레온㈜ 사진 구입처 이미지허브24

※잘못된 책은 구입하신 곳에서 바꾸어 드립니다.
※책 모서리가 날카로워 다칠 수 있으니 사람을 향해 던지거나 떨어뜨리지 마십시오.

알에이치코리아 홈페이지와 카페, SNS로 들어오시면 자사 도서에 대한 더 많은 정보와 다양한 이벤트 혜택을 확인할 수 있으며,
E-book몰에서는 전자북으로도 만나볼 수 있습니다.

주니어RHK 홈페이지 http://jrrhk.com | E-book몰(RHK북스) http://ebook.rhk.co.kr | 북카페 http://cafe.naver.com/randomhousekorea
페이스북 https://www.facebook.com/rhk.co.kr | 트위터 @randomhouse_kr | 유튜브 http://www.youtube.com/randomhousekorea